AF509610

L'ORGUE DE SAINT-JEAN

A

CASTELNAU-MAGNOAC

L'ORGUE DE SAINT-JEAN

A

CASTELNAU-MAGNOAC

ALLOCUTION & NOTICE

PAR

L'Abbé Louis DANTIN

Vicaire à Saint-Jean de Tarbes, Docteur en théologie

TARBES

IMPRIMERIE DE CLÉMENT LARRIEU

41, rue des Grands-Fossés, 41

1894

LA CÉRÉMONIE D'INAUGURATION

—

Cette allocution, d'un intérêt tout local, n'était pas faite pour la publicité.

On nous demande de la conserver comme mémorial d'un événement qui a mis en fête, le dix juillet dernier, la paroisse entière de Castelnau-Magnoac. Nous voulons parler de la réception et de l'inauguration de l'orgue, dont l'église de cette charmante petite ville vient d'être enrichie.

A deux heures de l'après-midi, le vénérable curé-doyen, M. l'abbé Pédebas, assisté de ses vicaires, MM. Verdier et Cazenave, a ouvert la cérémonie par la bénédiction de l'orgue, qui a fait entendre aussitôt ses fanfares les plus éclatantes, ses plus suaves mélodies.

Dans le sanctuaire avaient pris place le R. P. Bordedebat, vicaire-général des Missionnaires de l'Immaculée-Conception, le R. P. Galès, des prêtres originaires de Castelnau, d'anciens vicaires, et plusieurs autres prêtres.

A la tribune, M. Laurien Mousset, heureux d'entendre parler le royal instrument dont il gratifie la paroisse. A ses côtés, M. Commaille, le facteur bien connu à qui sont dues la restauration et l'installation de l'orgue, accomplies, — le procès-verbal de la commission d'expertise en témoigne, — dans les meilleures conditions; des organistes distingués, MM. Biwer, de l'église du Sacré-Cœur de Bordeaux, Lestelle, chanoine, de la cathédrale de Tarbes, Comboul, de l'église Saint-Jean, Labat, et le R. P. Duthu, de Notre-Dame de Garaison. Citons enfin deux autres artistes de talent, Madame Clémendot, de Tarbes, et M. Camille Morère, de Castelnau, appelés à donner à cette fête religieuse et musicale le concours de leurs voix.

Une assistance compacte de fidèles, où les hommes n'étaient pas les moins nombreux, occupait la nef et les chapelles.

C'est devant cet imposant auditoire que l'allocution suivante a été prononcée. Elle roule tout entière sur cette pensée que le temple catholique est la maison de Dieu, et qu'on ne gagne rien à le détruire ou à le profaner. Res clamat Domino : les pierres mêmes du temple crient qu'elles appartiennent au Seigneur, et leur voix, à la fin, est entendue.

Le triste centenaire de la profanation des églises, — profanation commencée à Paris dans les deux derniers mois de l'année 1793 et continuée en province, notamment à Castelnau, au cours de l'année 1794, — attache à cette pensée une sorte d'actualité. N'est-il pas piquant, en effet, de rapprocher ces deux fins de siècle et de constater que nous ornons à grands frais les temples que nos pères affolés ont si malheureusement dépouillés ? Quelle amère dérision, quelle revanche de la Providence, et pour nous quel enseignement !

Cet enseignement, l'allocution présente a pour but de le faire ressortir.

15 août 1894,
fête de l'Assomption de Notre-Dame,
patronne de Castelnau.

II

LE DISCOURS

—

> *Magna erit gloria domus istius
> novissimæ plus quam primæ, dicit
> Dominus exercituum; et in loco
> isto dabo pacem, dicit Dominus
> exercituum.*
>
> La gloire de cette dernière mai-
> son sera plus grande que celle de
> la première, dit le Seigneur des
> armées ; et dans ce lieu je donnerai
> la paix, dit le Seigneur des armées.
>
> (Aggæi, ii, 10.)

MES FRÈRES,

Nous assistons au déclin d'un siècle qui aura
été bien tragique et bien tourmenté. C'est un
vieillard, mais les années ne l'ont pas mûri

ni rendu plus sage. Instinctivement, la pensée se reporte avec une sorte d'angoisse vers la fin du siècle qui l'a précédé.

La mode est aux centenaires. Eh bien ! Mes Frères, en voici un qu'il n'est pas inutile de rappeler, et personne n'y manque, bien qu'à des points de vue différents.

Les uns, exaltant d'une manière absolue les heures les plus sombres, les plus sanglantes, des origines de notre histoire contemporaine, essayent d'un centenaire de louange et de glorification.

Les autres, plus attentifs, sans vouloir donner à un passé qui n'était pas sans tache des regrets stériles, déplorent les excès commis, les ruines accumulées, les sacrilèges accomplis, et ils demandent un centenaire de réparation. De divers côtés, évêques, prêtres et fidèles, se sont souvenus des outrages que Dieu reçut, il y a cent ans, dans ses temples odieusement profanés, et ils ont conçu la noble pensée de lui offrir, par des cérémonies expiatoires, une juste compensation.

Je ne sais, Mes Frères, si je m'égare, mais il me semble que la circonstance si heureuse qui nous réunit aujourd'hui participe de ce caractère et qu'elle venge l'honneur de Dieu méconnu ici, hélas! comme partout, il y a juste cent ans (1). A ce titre donc elle répare le passé, et elle le répare si bien que je ne puis me défendre d'appliquer à votre église restaurée, embellie, dotée enfin d'un instrument magnifique, ce texte du prophète : « La gloire de ce second temple sera plus grande que celle du premier. »

En même temps qu'elle expie le passé, cette cérémonie réjouit le présent et elle colore d'espoir l'avenir. Ce sera toute la pensée de cet entretien.

Qui suis-je pour essayer de saisir la pensée de cette fête et pour tenter de l'exprimer? — Mes Frères, voici très simplement ma réponse : *Ego vox,* je ne suis ici, à côté des grandes voix de l'orgue, qu'une voix de plus, sans charme, sans autorité; mais, et c'est ce qui m'encourage, je suis la voix d'un autre plus vénérable qui daigne parler par ma bouche. Je redeviens ainsi volontiers ce que je fus, un moment qui me parut bien trop court,

(1) La délibération municipale ordonnant la démolition du clocher et la transformation de l'église de Castelnau en magasin à fourrages est du 23 germinal an II, 12 avril 1794.

au début de mon ministère, l'humble voix et, je le souhaite, l'écho fidèle de votre bien-aimé pasteur.

*
* *

Envisagée par rapport au passé, cette cérémonie se présente comme un grand acte de réparation.

Elle était vraiment intéressante, Mes Frères, votre charmante cité, belvédère incomparable d'où l'œil ravi embrasse dans toute son étendue la ligne bleutée des Pyrénées, capitale aérienne de ces paisibles campagnes du Magnoac, qui déroulent à ses pieds, comme un riche tribut, la parure d'or de leurs moissons ; elle était fière de son importance politique et judiciaire (1); mais elle se trouvait surtout heureuse d'être pour la contrée, avec Notre-Dame de Garaison, un centre de vie chrétienne.

L'église était le cœur et le foyer où toutes les âmes venaient s'instruire à l'école du divin Maître, se réchauffer aux rayons de sa grâce. Un nombreux collège de prêtres occupaient ces stalles aux différentes heures du jour et de

---

(1) Chef-lieu alternatif des Quatre-Vallées, Castelnau-Magnoac était, en outre, le siège d'une justice royale.

la nuit, faisant retentir le lieu saint du chant des hymnes et des cantiques.

A quelques pas de la collégiale, le couvent des Religieuses de Sainte-Claire, recrutées dans les familles les plus qualifiées de la région. Entre ces deux asiles de piété s'abritait une population restreinte par le nombre, active, intelligente et industrieuse, menant, dit son récent historien (1), « une vie bornée dans ses horizons, mais non dépourvue de charmes. »

Survint, comme un coup de foudre sous un ciel au repos, la grande Révolution.

Doués de bon sens et pénétrés d'esprit chrétien, vos pères acceptèrent de ce mouvement d'idées juste ce qu'il est permis d'en retenir, et ils opposèrent d'abord une ferme résistance (2) au débordement d'irréligion ou de folie qui ne

(1) M. le sénateur Baudens, maire de Castelnau, auteur du très intéressant ouvrage : *Une petite ville pendant la Révolution.*

(2) Les habitants de Castelnau affirmèrent leurs sentiments en adressant à l'Assemblée nationale une pétition fortement motivée pour le maintien du couvent de Sainte-Claire, et en mettant à la tête du corps municipal leur digne archiprêtre, M. Jèze, qui fut simultanément maire et curé de Castelnau.

tarda pas à se déchaîner. Mais comment se soustraire longtemps au déluge de passions qui submergeait la France entière et menaçait de tout engloutir ?

Ici, comme ailleurs, les esprits s'échauffèrent, la raison déconcertée s'égara, et l'impiété, dès qu'elle osa s'affirmer, eut le dessus.

Plusieurs de vos prêtres fidèles prirent le chemin de l'exil, d'autres se cachèrent afin de porter aux âmes, sans bruit mais non sans péril, les secours de leur ministère.

Quant à l'église, veuve de ses légitimes pasteurs, dépouillée des objets du culte, transformée enfin en magasin à fourrages, elle pleurait ses solennités disparues et sa gloire, semblait-il, à jamais éteinte. Une seule honte lui fut épargnée : la divinité du jour daigna grouper ses adorateurs, peu nombreux sans doute, dans une enceinte plus modeste : l'impure déesse Raison n'entra jamais ici (1)!

Et ce mauvais rêve dura dix ans ! Dix ans, pendant lesquels le temps, aidé par la malice des hommes, menait activement son œuvre de destruction.

(1) L'arrêté municipal cité plus haut porte que le « temple de la Raison sera installé dans la ci-devant église du couvent, la ci-devant église paroissiale devant servir de magasin à fourrages... »

Le jour où elle se rouvrit, au commencement de ce siècle, votre église était pauvre, triste, silencieuse ; d'elle aussi on aurait pu dire ce qui a été prophétiquement écrit du Christ arrivé aux heures ténébreuses de sa Passion : *Non est species ei, neque decor* (1), ayant perdu l'apparence même de sa destination première et jusqu'aux derniers vestiges de son antique splendeur.

Les prêtres entrèrent en hâte dans le temple dévasté : ils réconcilièrent les murs, ils réconcilièrent les âmes, car l'œuvre pressait, il ne fallait ni éteindre la mèche fumant encore, ni achever de rompre le roseau gisant à terre, presque brisé.

Petit à petit, la vie chrétienne prit de l'essor ; les habitudes religieuses commencèrent de refleurir ; l'édifice spirituel se relevait de ses ruines... On put alors s'occuper du temple visible, resté bien nu, bien délabré.

A cette œuvre de restauration, tous vos pasteurs, depuis un siècle (2), ont activement

______

(1) Isai., LIII, 2.

(2) M. Jean-François *Blaignan*, ancien chapelain de Garaison, évangélisa le Magnoac pendant toute la période révo-

travaillé : aucun cependant avec autant de zèle et de bonheur que celui qui vous a été providentiellement envoyé, vingt années avant le centenaire réparateur, qu'il avait mission de préparer (1).

Sous son impulsion, le jardin paroissial est soigneusement cultivé; les écoles chrétiennes prospèrent; les pauvres sont recueillis et évangélisés. En même temps, la maison de Dieu se revêt de parures qu'elle n'avait peut-être jamais connues.

Sur les murs, des tableaux de valeur, tel signé de la main d'un enfant de Castelnau, ou des peintures gracieuses qui réjouissent la

lutionnaire, au prix de mille dangers et à la faveur des plus curieux déguisements. Mgr Loison, évêque de Bayonne, récompensa son zèle en lui confiant, dès le rétablissement du culte, la cure de Castelnau, qu'il occupa jusqu'en 1829, date de sa mort. — Son successeur, M. Arnaud-Joseph *Prat-Marca*, fut installé, le 10 mai 1829, par l'ancien archiprêtre Jèze, revenu, en 1814, de l'exil, chargé d'années et accablé d'infirmités, « nobles et saintes cicatrices des combats qu'il avait eu à soutenir... » Ainsi s'exprime M. Prat-Marca lui-même dans la courte mais émouvante notice qu'il a consacrée à la mémoire de ce noble « confesseur de la foi ». A M. Prat-Marca, nommé chanoine de la cathédrale de Tarbes, succéda, en 1850, M. Jean-Marie *Fontan*, de pieuse mémoire, décédé lui aussi chanoine de la cathédrale, titre qu'il reçut en 1874.

(1) M. Jean-Pierre *Pédebas*, chanoine honoraire, curé-doyen de Castelnau depuis 1874 : *Ad multos annos!*

vue et égayent dans toute sa surface l'enceinte
sacrée; à l'ogive des fenêtres, des images de
verre qui font rêver du Ciel, qui font penser
aux saints se penchant sur nos fêtes; au
dessus des autels, des statues aux plus heureux vocables, le Sacré-Cœur, Notre-Dame
de Lourdes, saint Joseph et sainte Anne. Im-
possible de tout dire; mais comment oublier
ces gerbes de feu, ces couronnes de lumières,
cette Face douloureuse, ce beau Chemin de
Croix, ce grand Christ, cette chaire enfin, si
agréable à l'œil, si bien placée pour faire
parvenir à toutes les oreilles et, Dieu le
veuille! à toutes les âmes, la parole de vie.

Et dans la haute tour, les oiseaux du bon
Dieu sont remontés : huit cloches au timbre
d'argent parcourent tous les degrés de l'échelle
musicale et vibrent trois fois le jour en déli-
cieuses mélodies.

Mais cette musique aérienne, charme du
voyageur, se perd dans l'espace; elle s'affaiblit
du moins dès que, entrés dans l'église, les
fidèles ont répondu à son appel.

Il y avait là une large baie ouverte pour
un autre clavier et pour d'autres voix, que

j'appellerai les voix intérieures du temple. Rêve grandiose, comment le réaliser?

Un acte de générosité que j'admire beaucoup, sans oser le louer comme il le mérite, a décidé du sort de ce projet depuis longtemps caressé. Le rêve a pris corps : il vit, il parle, il chante, sous les doigts d'éminents artistes venus de loin pour essayer ses voix et nous les faire apprécier.

Du temple ainsi animé nous avons le droit de dire :

> Tout enflamme, agrandit, émeut l'homme sensible ;
> Il croit avoir franchi ce monde inaccessible,
> Où sur des harpes d'or l'immortel séraphin
> Aux pieds de Jéhovah chante l'hymne sans fin (1).

***

Repris, complété et mis au point par un maître de la facture moderne, cet orgue, Mes Frères, mieux que tout autre, convient à votre église, il s'harmonise admirablement avec ces voûtes, ces boiseries, monuments du passé.

Lui aussi est un survivant des mauvais jours, lui aussi s'est tu pendant les heures

(1) Fontanes.

lugubres que nous rappelions tout à l'heure, mais, sachez-le bien, il n'a jamais apostasié; il n'a jamais chanté que Dieu et sa religion, Jésus-Christ, ses sacrements, ses fêtes, ses mystères.

Œuvre d'un religieux bénédictin (1), fameux par des études savantes sur « *L'Art du facteur d'orgues* », et ornement d'une antique abbaye, il fut traîné à travers mille vicissitudes, et bien malgré lui, je vous l'assure (2), comme un vieux moine expulsé de son couvent, sous escorte s'il vous plaît, et une escorte d'au moins quatre cents hommes, commandés par un général, jusqu'à l'église Saint-Jean de Tarbes, dont il a, pendant près de quatre-vingts ans, édifié les fidèles, charmé les cérémonies. Et il rendait encore, sous l'inspiration éminemment chrétienne qu'il recevait, des sons si puissants et si doux ! On le regrette, je vous le dis tout bas, et on le pleure comme une vénérable aïeule qui aurait « bercé notre enfance au doux murmure des vieilles chansons d'antan (3). »

(1) Dom Bedos.
(2) Voir la Notice qui suit le discours.
(3) M. Raoul Boussès de Fourcaud.

Mais si on le regrette là-bas, ici, Mes Frères, il met vos âmes en fête : vous l'accueillez avec allégresse, vous le baptisez avec empressement, vous l'invitez à parler, et pour faire ressortir son mérite vous le mettez en parallèle avec les voix les plus belles comme les mieux exercées.

Rien de plus justifié que cette joie : l'orgue, en effet, Mes Frères, ne sera-t-il pas désormais la vie de votre église, l'accent et la poésie de vos âmes, l'expression brillante de votre piété?

« Œuvres du Seigneur, s'écrie le Roi-Prophète, bénissez en chœur votre maître (1). »

Le Psalmiste s'avance la louange aux lèvres, la harpe frémissante sous ses doigts inspirés. Sa prière, tout ardente qu'elle est, lui semble une note isolée et comme perdue dans l'infini. Triste de son impuissance, il rêve d'un cantique universel : il souhaite que toutes les voix de la nature, que tous les échos endormis de la création, que tous les bruits épars du monde, se mêlent dans une harmonie supérieure pour glorifier le Seigneur.

Ces voix, Mes Frères, l'orgue catholique

______

(1) Psal., cii, 22.

s'en empare et il leur donne une âme sœur
de la nôtre, toujours prête à prier. Synthèse
de l'art musical, harmonieuse Pentecôte, il a
vraiment reçu en partage le don des langues,
il chante dans tous les idiomes les louanges
de Dieu.

Quand on aime tant le bon Dieu, on aime
aussi les hommes, on s'apitoye sur eux.
Pareil aux anges qui chantent au ciel les
divins cantiques et qui sur la terre accompa-
gnent nos prières, l'orgue réjouit nos fêtes et
soupire nos deuils.

Il chante les allégresses du baptême; il
soutient doucement, parmi les larmes des
prêtres et des mères, les cantiques émus des
enfants au jour béni de leur première com-
munion. Il célèbre le grand sacrement qui
consacre la famille et assure au Ciel une flo-
raison d'élus.

Bien courtes sont nos joies; de tous côtés,
dit le Sage, elles « confinent à la douleur (1). »

> Là jamais entière allégresse;
> L'âme y souffre de ses plaisirs.
> Les cris de joie ont leur tristesse,
> Et les voluptés leurs soupirs (2).

(1) *Extrema gaudii luctus occupat.* Prov., xiv, 13.
(2) Reboul.

Comme il a chanté nos joies, l'orgue interprète nos douleurs. Il pleure surtout nos morts. Et quand, rafraîchie par les bénédictions de l'Eglise, leur triste dépouille quitte le lieu saint, dans un nuage d'encens, et se dirige vers le champ funèbre, il semble vouloir la suivre, il l'accompagne, lugubre et désolé, de ses longs gémissements.

Les grandes douleurs sont muettes. Il y a un mort que l'orgue ne se sent pas le cœur de pleurer. Le Vendredi-Saint, l'orgue se tait comme les cloches, impuissant à égaler ses lamentations à l'immensité du crime et à la tristesse des âmes.

Mais aux premières lueurs de Pâques, il rompt son mystérieux silence, il entonne l'*Alleluia*, il éclate en transports d'allégresse et, en même temps que la résurrection du Christ, il fête le retour des prodigues à la table de famille, les douces joies des convertis.

*
* *

Enfin, et je m'arrête sur cette pensée, la cérémonie qui nous réunit, en réparant le passé et en réjouissant le présent, projette comme une lueur d'espoir sur l'avenir.

L'avenir, hélas ! il est permis de le craindre terrible ; — il est permis aussi de l'espérer pacifique et chrétien.

Le siècle dernier a tristement fini, en proie aux « convulsions qui l'avaient agité ». — Ce siècle mourant aura-t-il le même sort, ou bien, selon le vœu récemment formulé par une bouche auguste (1), marquera-t-il l'aurore d'un âge plus heureux ? Si, à plus d'un trait, ces deux siècles se ressemblent, ils diffèrent sensiblement d'esprit et de goût.

L'un, de ses mains fiévreuses et tremblantes, s'acharnait à détruire ; l'autre, sous un ciel encore menaçant, s'obstine à rebâtir, relevant patiemment ou décorant avec amour les temples que son aîné a follement jetés à terre ou ravagés. Car ce qui se passe ici se reproduit partout, sous l'influence des mêmes sentiments et avec le concours des mêmes libéralités.

Or, à ce culte pour la gloire de Dieu, à ce zèle pour la beauté de sa maison, des grâces de paix sont attachées : « La gloire de ce

_____

(1) S. S. Léon XIII, Encyclique *Principibus populisque.*

second temple sera plus grande que celle du premier, et, ajoute aussitôt le Seigneur, dans ce lieu je donnerai la paix. »

Quand le temple est si beau, comment les âmes pourraient-elles s'attiédir? Faudrait-il donc désespérer de l'humanité et croire que les leçons de l'histoire glissent sur elle sans l'effleurer ? Comprendrons-nous enfin que Dieu n'abdique jamais, et qu'après avoir, maladroits autant que coupables, renversé ses autels, nous en sommes quittes pour les relever? — Relevons-les donc une bonne fois en nous frappant la poitrine, car, « dans la personne de nos pères, nous avons mal agi, grandement péché (1). »

Et le Seigneur alors, s'inclinant vers nous, tiendra ses promesses : il rendra à notre société si troublée la paix dont elle a besoin pour guérir ses blessures, la paix dans la vérité, dans la justice, dans la charité, la paix, concert harmonique des âmes, sous le toucher de l'artiste divin, union ravissante des cœurs. Ainsi soit-il.

(1) *Peccavimus cum patribus nostris, injuste egimus.* Judith, VII, 19.

III

LE PASSÉ DE L'ORGUE

—

L'orgue de Saint-Sever fut transporté à Tarbes le 12 décembre 1815.

Un an après, la fabrique de Saint-Jean faisait placer sur le buffet de l'orgue une large plaque de cuivre portant l'inscription suivante :

TEXTE

—

Hœc organa
In Monasterio Sancti Severi de Rustano
Expulsis Monachis
Revolutionis Gallicœ impiâ sceleratâque aggressione
Derelicta et pene diruta
Jussu et munificentiâ LUDOVICI XVIII
Majorum cultûs protectoris
In hanc divi JOANNIS BAPTISTÆ *Ecclesiam parochialem*
Civitatis Tarbiensis
Organa multis abhinc sœculis
Frustrà desiderantem
Translata sunt anno domini M DCCC XV

———

Translationem hanc procuraverunt
D. D. Comes de MILON DE MESNE *prœfectus*
Altiorum Pyrenœorum
Vice-Comes de LENTILHAC *dux militiœ civitatis*
et Provinciœ
Prœfectus urbis de GONÈS *Eques Melitensis*

. . . .
. . . .

Dominicâ quartâ Adventus, anno M DCCC XVI.

———

TRADUCTION

—

Cet orgue — abandonné et presque détruit dans le monastère de Saint-Sever de Rustan depuis l'expulsion des moines — victimes de la persécution impie et scélérate de la Révolution française — par l'ordre et la munificence de Louis XVIII — protecteur du culte de nos aïeux — a été transféré dans cette église paroissiale de Saint-Jean de Tarbes — en vain jalouse depuis des siècles de posséder un orgue — l'an du Seigneur M DCCC XV.

Ont procédé à ce transfert MM. le Comte Milon de Mesne, préfet des Hautes-Pyrénées ; le vicomte de Lentilhac, commandant militaire de la ville et du département ; de Gonès, maire de la ville, chevalier de Malte.

. . . .

. . . .

Le quatrième dimanche de l'Avent M DCCC XVI.

Cette inscription nous dit clairement le *désir* que les paroissiens de Saint-Jean nourrissaient *en vain depuis des siècles* d'un orgue qui vînt rehausser l'éclat de leurs cérémonies. Mais, à part la mention du général vicomte de Lentilhac, dont le nom, placé là sans raison apparente en caractères saillants, nous laisse rêveurs, rien ne fait pressentir les tragiques épisodes qui signalèrent le transfert de l'orgue de Saint-Sever à Saint-Jean; rien n'indique le drame, un drame en trois actes, qui en a immortalisé le souvenir.

Ce drame est consigné avec toutes ses péripéties dans les documents publiés il y a dix ans dans le *Souvenir de la Bigorre*, tome IV. Nous le résumons ici au profit des lecteurs qui n'auraient pas le moyen de consulter ce recueil.

*
* *

Sur les bords de l'Arros et plongeant dans ses eaux, au nord de cette vallée, jadis luxuriante, que le Bréviaire appelait avec raison l'une des plus fertiles de la Bigorre, s'élèvent les restes encore imposants d'une magnifique abbaye, occupée à l'époque de la Révolution

par les Bénédictins de la congrégation de
Saint-Maur.

Attenant à l'abbaye, se trouvait l'église,
moitié monastique, moitié paroissiale, qui
possédait depuis le milieu du xviiie siècle un
orgue de grand prix. Le nom de dom François
Bedos buriné sur un tuyau permet d'attri-
buer au savant bénédictin la construction de
l'instrument.

La Révolution dispersa les religieux, ruina
le monastère, pilla l'église ; l'orgue, par bonheur, fut respecté, mais on ne fit rien pour
assurer sa conservation et il se détériorait
rapidement.

Cependant la paroisse de Saint-Jean de Tarbes, alors la plus peuplée de la ville, souffrait
de n'avoir pas d'orgue, ses ressources, absor-
bées par les restaurations qu'elle avait dû faire
d'urgence après la Révolution pour assurer la
décence du culte, ne lui permettant pas de parer
à une aussi dispendieuse acquisition. Elle porta
donc ses vues sur l'Espagne où, disait-on, les
orgues des monastères supprimés se vendaient
à vil prix. Ses négociations de l'autre côté des
Pyrénées ayant échoué, la fabrique se rejeta.
sur l'ancienne abbaye de Saint-Sever, avec

l'espoir d'alléger cette paroisse d'un orgue qui était pour elle un « véritable fardeau ».

Ainsi estimaient les fabriciens de Saint-Jean. Ils consentirent néanmoins à désintéresser les possesseurs et ils leur firent offrir successivement cinq, six et jusqu'à sept mille francs d'indemnité. Pauvres, mais fiers, les habitants de Saint-Sever repoussèrent ces offres et ils conseillèrent poliment au curé de Saint-Jean et à ses fabriciens, *s'ils voulaient un orgue, de l'acheter* ailleurs.

C'est alors que la fabrique de Saint-Jean pensa à obtenir de la « munificence » de Louis XVIII un instrument que « Messieurs de Saint-Sever » refusaient de lui céder à prix d'or. Elle se vanta même, dit un méchant chroniqueur, de faire enlever l'orgue « sans rien payer ». Quoi qu'il en soit, elle eut la fortune de voir le premier magistrat du département et, bientôt après, le ministre secrétaire d'Etat de l'intérieur, accueillir sa requête et seconder ses désirs.

La réponse favorable du ministre était datée du 28 septembre 1815. Elle fut suivie, le 10 novembre de la même année, d'un arrêté préfectoral mettant l'orgue de l'église de Saint-Sever à la disposition de l'église Saint-Jean, et d'une délibération de la fabrique de cette paroisse, en date du 12 novembre, donnant commission au facteur d'orgues, Louis Adam, de procéder, sans plus de retard, au transfert de l'instrument.

Dès le lendemain, 13 novembre, le délégué de la fabrique arrive à Saint-Sever et il présente ses titres à qui de droit. Maire, desservant, adjoint, fabriciens, affectent la plus grande surprise : leur attitude est celle d'un propriétaire convaincu à qui un mauvais plaisant demande son bien. Le délégué est éconduit : acte par écrit lui est simplement donné du refus opposé à la « prétention inconsidérée et attentatoire à la propriété » des fabriciens de Saint-Jean.

On s'émut à Saint-Jean de cette dernière imputation et on s'empressa de la réfuter. La fabrique fit valoir des arguments de droit que le sous-préfet vint aussitôt renforcer : les édifices du culte et leurs accessoires, mis par le gouvernement « à la disposition des communes », continuent à faire partie du « domaine royal »; l'orgue de Saint-Sever ne fait pas exception, et le gouvernement a cherché vingt fois l'occasion de l'aliéner. Au reste, l'orgue appartenait au couvent : par suite, il appartient au gouvernement « qui a cru avoir le droit de disposer du couvent ».

Jusque-là, la lutte se renfermait dans le domaine des principes : elle se bornait presque à une discussion de théologie morale ou de droit. Mais la guerre ne restera pas long-temps sur ce terrain. Dès le 16 novembre, un deuxième arrêté du préfet déclare « non avenu » le refus opposé par les habitants de Saint-Sever. Et ici finit le premier acte de ce drame, où MM. les fabriciens de Tarbes se disent *gratuitement insultés*.

*
* *

Le 18 novembre 1815, au point du jour, la petite ville de Saint-Sever est en émoi : deux brigades de gendarmerie et un détachement de trente dragons, défilent bruyamment à travers les rues, sous les yeux de la population étonnée. A la tête des cavaliers marche le capitaine de la gendarmerie royale chargé d'assurer le transfert de l'orgue et de protéger les ouvriers employés à son enlèvement.

L'heure est critique. Ce que la persuasion n'a pu faire, la force armée va, sans doute, l'obtenir. Les ouvriers suivent, prêts à emporter d'assaut, sous la garde de la troupe, le magique instrument. Le délégué de la fabrique de Saint-Jean, le négociateur malheureux du 13 novembre, les accompagne : en les dirigeant, il va prendre sa revanche de l'accueil désobligeant qu'il a précédemment essuyé.

Le capitaine se transporte chez le maire : il décline son mandat et requiert les clefs de l'église en vue de le remplir. Le maire répond qu'il va assembler les membres de la fabrique et, sur une question aussi grave, prendre leur avis.

Un instant après, le conseil municipal au complet, le curé et les fabriciens, se trouvent réunis autour du maire à la maison commune. Un huissier se présente aussitôt au capitaine et lui remet une notification par laquelle les fabriciens, désireux de donner à leur acte toute l' « authenticité » possible, s'opposent « formellement » à l'enlèvement des orgues.

Le capitaine insiste, allègue les ordres reçus, demandant avec de nouvelles instances les clefs de l'église, qu'il se voit opiniâtrément refuser. Personne, au reste, dans la commune, pas même le carillonneur qui a sonné l'*Angelus*, peut-être sous forme de tocsin, ne veut savoir ce qu'elles sont devenues. La porte de l'église proteste elle-même, inflexible sous la forte doublure de madriers dont on l'a pour la circonstance étayée.

La foule, pendant ce temps, cernait l'église, attendant, émue et menaçante, l'issue de ces pourparlers.

Mais pourquoi perdre le temps en négociations stériles ? le moment est venu d'assurer par une action énergique le succès de l'entreprise engagée.

Menuisiers, charpentiers et facteur d'orgues, se dirigent vers l'église, suivis des fourgons sur lesquels on va charger l'instrument, objet de cette attente pénible, cause de ces mortelles angoisses.

Au commandement du capitaine, les ouvriers attaquent la lourde porte d'un coup de hache retentissant, accompagné de sinistres éclats de bois.

Ce fut le signal de la bataille. Un murmure de réprobation s'élève du sein de la foule : les femmes indignées envahissent le cimetière et tombent à coups de pierres sur les malheu·reux ouvriers. Les hommes surviennent à leur tour, munis d'armes tranchantes, faites pour de plus pacifiques usages, mais dont le fer ou l'acier frémissent sous leurs robustes mains.

A cette vue, le capitaine hésite : d'un geste, il arrête les ouvriers; puis, lançant son cheval à travers la foule, il revient à la porte de l'église pour en recommencer la fracture.

Alors la colère, un instant apaisée, est à son comble, les cris de fureur redoublent, l'action menace de devenir générale : il faut frapper sans merci ou se résigner soi-même à un écrasement. Le capitaine recule devant cette responsabilité. S'adressant à la foule, il s'engage, lui et sa troupe, à se retirer. Ce qu'il fit prudemment, à la grande joie de la population.

Telle fut la mémorable et historique journée du 18 novembre 1815, journée encore écrite dans la mémoire de tous les habitants du pays et sur la porte mutilée de l'église de Saint-

Sever. Ainsi se termine, d'un côté par une capitulation, et de l'autre par une victoire, le deuxième acte du drame que nous allons, en hâte, achever de retracer.

*
* *

Séance tenante, le capitaine de gendarmerie fait son rapport au préfet. Le maire, pour son compte, rédige un habile procès-verbal où il dégage sa responsabilité sans blâmer l'attitude de ses administrés. L'un et l'autre constatent que deux brigades de gendarmerie, renforcées de 30 dragons à cheval, ont dû battre en retraite devant une population d'un peu plus de quatre cents âmes, blessée dans son amour-propre, jalouse de conserver son orgue et résolue à tout pour le défendre.

La déroute de l'armée n'était rien auprès de l'échec de l'administration, battue sans gloire dans la personne de ses agents.

On aurait pu croire à un arrangement ou espérer une armistice. Mais, dès le 23 novembre, un troisième arrêté du préfet annonce la reprise des hostilités.

Cependant, une sorte de désarroi s'empare des vaincus. La fabrique de Saint-Jean, effrayée à la pensée de la responsabilité qu'elle encourt, prie le préfet de ne pas donner suite à la décision rendue en sa faveur.

Le ministre, de son côté, instruit des graves incidents du 18 novembre, donne au préfet, dans la même lettre, le conseil de « sévir » et celui de « céder ». La décision manquait de clarté. Très ferme de caractère et peu porté à *céder,* le préfet prit le parti de *sévir.* De là l'arrêté du 23 novembre qui remet tout en question. Aux termes de cet arrêté, maire, desservant, fabriciens et notables, accusés d'avoir, de « connivence » avec le peuple, résisté criminellement aux ordres de l'autorité, sont condamnés à faire transporter l'orgue à Tarbes, sous les peines les plus graves, dans un délai de dix jours.

Les fabriciens éplorés « se jettent aux pieds » de Son Altesse royale le duc d'Angoulême et lui demandent, dans une ardente supplique, la « grâce » d'être entendus avant d'être jugés.

Les dix jours expirent, l'arrêté préfectoral reste sans effet.

Le préfet alors se résout à déployer « tout l'appareil de la force militaire ». Un effectif dix fois supérieur en nombre à celui du 18 novembre est réuni : environ 500 hommes en armes, munis de plusieurs pièces d'artillerie, se disposent à marcher sur la séditieuse cité.

C'est le général vicomte de Lentilhac, maréchal de camp, commandant le département des Hautes-Pyrénées, qui dirige l' « expédition ». Le sous-préfet Gavoty s'en constitue le secrétaire et l'historiographe, puis, après la victoire, le héraut.

L'armée entrait à Saint-Sever le soir du 10 décembre 1815. La nuit tombait, un froid glacial, accompagnant le déploiement des forces militaires, avait fait le vide dans les rues, un silence de mort régnait partout, le bourg paraissait désert.

Le lendemain, le général mandait au préfet : « Tout se passe à merveille. La crainte et l'effroi compriment les habitants, et la troupe se conduira bien. » Les ouvriers aussi s'occupent activement à démonter le buffet et à rassembler les tuyaux.

Force reste au pouvoir : l'orgue définitivement conquis est emporté, le 12 décembre au petit jour, escorté par la troupe.

Comme il avait sonné la charge, le sous-préfet sonne la victoire. Il fait publier sur

« toutes les places de Saint-Sever une procla-
mation courte mais énergique », genre militaire, destinée, selon son propre avis, à pro-
duire un « très bon effet ».

L'effet, hélas! n'était pas douteux. Les habitants de Saint-Sever furent consternés et ils
restèrent longtemps inconsolables. Plusieurs
d'entre eux, « placés sous la surveillance de la
haute police », expièrent assez durement leur
résistance à « l'autorité chargée d'exécuter les
ordres du roi ». Ils furent réduits, pour
échapper à de plus grandes rigueurs, à témoi-
gner de leur « rébellion » un « repentir » tout
officiel, qu'ils ne craignirent pas de rétracter.
Plusieurs années après, ils rêvaient encore de
revanche et ils poursuivaient l'idée d'une
« restitution », illusion suprême, qu'ils durent
aussi sacrifier !

L'église de Saint-Jean garda le vieil orgue
jusqu'au jour où une louable émulation la
porta à s'en procurer un nouveau, qui a été
solennellement inauguré le 18 janvier 1894.

Hâtons-nous de dire que le second exode
de l'orgue historique de Saint-Sever a été plus

pacifique : les habitants de Castelnau n'auront pas besoin d'invoquer le *droit de conquête* pour le conserver, et ils pourront jouir sans crainte de ses harmonies renouvelées.

Et Tarbes se félicite de voir rester dans le diocèse cet instrument vénérable, précieuse relique du passé.

Tarbes. — Imprimerie Clément Larrieu.